Wenming Neimenggu Congshu

文明内蒙古丛书

文明实践在身边 大学生

海清 编著

内蒙古人民出版社

图书在版编目(CIP)数据

文明实践在身边. 大学生 / 海清编著. —呼和浩特：
内蒙古人民出版社, 2021. 10

(文明内蒙古丛书)

ISBN 978 - 7 - 204 - 16892 - 7

Ⅰ. ①文… Ⅱ. ①海… Ⅲ. ①礼仪 - 基本知识 - 中国
Ⅳ. ①K892.26

中国版本图书馆 CIP 数据核字(2021)第 223685 号

文明实践在身边·大学生

作　　者	海　清
策划编辑	王　静
责任编辑	段瑞昕
封面设计	徐敬东　刘那日苏
出版发行	内蒙古人民出版社
地　　址	呼和浩特市新城区中山东路 8 号波士名人国际 B 座 5 楼
网　　址	http://www.impph.cn
印　　刷	内蒙古恩科赛美好印刷有限公司
开　　本	710mm × 1000mm　1/16
印　　张	7
字　　数	52 千
版　　次	2021 年 10 月第 1 版
印　　次	2023 年 2 月第 1 次印刷
书　　号	ISBN 978 - 7 - 204 - 16892 - 7
定　　价	24.00 元

如发现印装质量问题,请与我社联系。联系电话:(0471)3946120

"文明内蒙古丛书"

——— 线 上 资 源 待 查 收 ———

开 电子书库

阅读本系列全部电子书

学 法律知识

做知法懂法好公民

看《道德观察》纪录片

学习生活中的好榜样

✎ 学习笔记

在线记笔记
平台内分享促进步

微信扫码

还有本社好书推荐

序

中华文明源远流长，孕育了中华民族的宝贵精神品格，培育了中国人民的崇高价值追求。中国特色社会主义进入新时代，加强公民道德建设、提高全社会道德水平，是全面建设社会主义现代化强国的战略任务，是适应社会主要矛盾变化、满足人民对美好生活向往的迫切需要，是促进社会全面进步、人的全面发展的必然要求。

党的十八大以来，以习近平同志为核心的党中央高度重视公民道德建设，立根塑魂、正本清源，做出一系列重要部署。中共中央、国务院于2019年10月印发了《新时代公民道德建设实施纲要》，明确了新时代推进社会公德、职业道德、家庭美德、个人品德建设的举措和方向，推动思想道德建设取得显著成效。

然而，随着国际国内形势的深刻变化，我国经济社会的深刻变革，在市场经济规则、政策法规不够健全，社会治理体系不够完善的阶段，受不良思想文化侵蚀和网络有害信息影响，我国道德领域依然存在着不同程度的道德失范现象，拜金主义、享乐主义、极端个人主义仍然比较突出，一些社会成员道德观念模糊甚至缺失，是非、善恶、美丑不分，见利忘义、唯利是图，损人利己、损公肥私，造假欺诈、不讲信用的现象久治不绝，突破公序良俗底线、妨害人民幸福生活、践踏国家尊严、伤害民族感情的事件时有发生。这些问题都需要逐步解决。所以，加强公民道德建设是一项长期而紧迫、艰巨而复杂的任务，需要公民从自身做起，积极参与新时代文明实践活动，践行社会主义核心价值观。

"全部社会生活在本质上是实践的。"精神

文明观念只有通过实践才能实现内化、固化、转化。公民积极参与新时代文明实践，对于提升个人思想觉悟、道德水准、文明素养和全社会文明程度意义深远。同样，个体和群体的精神文明建设成效需要实践来检验。

"文明内蒙古丛书"是一部旨在引领社会思潮、规范道德行为、树立新风正气的丛书。丛书以党员干部、农牧民、市民、企业员工、大学生五类群体为对象，以习近平新时代中国特色社会主义思想和社会主义核心价值观为理论指导，有针对性地为各类群体树立文明实践标准，从而引导内蒙古各族人民形成爱国爱家、相亲相爱、向上向善、共建共享的社会主义文明新风尚，让内蒙古成为锻造理想信念的熔炉、弘扬主流价值的高地、滋养文明风尚的沃土。

《文明实践在身边·党员干部》从党员干部生活中的文明实践、工作岗位文明实践、遵守基本行为规范三个方面切入，详细阐释了党员干部在引领社会新风尚、推动社会进步中发挥的文明行为倡导者、先行者、带头人、主力军的独特作用。通过政策理论引导、反面案例警示、小讲堂提醒等方式，对党员干部怎么做城市文明的先行者，怎么做生态文明的先行者，怎么做文明出行、文明餐桌的先行者，在道德文明建设中起什么作用、传承什么家风、引领什么风尚、遵守哪些基本行为规范等加以明确，对于党员干部提升文明素养，带动群众树立文明意识，推进社会文明具有积极意义。

《文明实践在身边·农牧民》立足农村牧区实际，用农牧民喜闻乐见的顺口溜、标语等形式宣传新时代乡风文明建设内容。全书以社会主义核心价值观为纲，从讲文明、懂礼仪、树新风，爱劳动、勤动脑、勤动手，扬法治、学法规、守规矩，爱中华、讲团结、共发展，爱家乡、护生态、兴产业五个方面切入，每个章节以顺口溜、小故事、知识链接或案例为内容，用农牧民听得懂的语言指出农村牧区存在的陋习，倡导好的做法，从而规范农牧民的言行举止，破除陈规陋习，树立文明新风，营造文明和谐的乡村环境。同时，以铸牢中华民族共同体意识为主线，结合内蒙古正在开展的群众性文明内蒙古建设"十大行动"，将群众性文明实践活动具体化，助力内蒙古乡村振兴。

《文明实践在身边·市民》从公民道德教育、遵守文明行为基本规范方面立意，对如何践行社会公德，在社会中做一个好公民；如何遵守职业道德，在工作中做一个好职工；如何弘扬家庭美德，在家庭中做一个好成员做了阐述。特别是就每个人在日常生活中如何践行文明行为基本规范给出了答案，同时关注了老百姓关心的文明就医、文明上网、文明用餐、文明养犬等日常问题。书中既有分享文明知识的"小讲堂"，又有鲜活的案例，融可读性、宣教性、趣味性于一体，是一本生动有趣的市民文明实践读本。

《文明实践在身边·企业员工》阐述了爱国主义精神的内涵，教育引导企业员工自觉接受爱国主义教育，自觉践行爱国主义精神。同时对企业员工认同企业文化和岗位价值做了简单明了的阐释，对员工应遵守的基本行为规范进行了分类说明，指出员工应当承担的义务。全书既有思想引导，又有分类分条的职业行为规范，对企业员工规范自身行为，积极参与企业文化建设，提高团队协作意识，履行法定义务具有一定指导意义。

《文明实践在身边·大学生》从引导大学生做好身边点滴小事和遵守基本行为规范着手，帮助大学生群体坚定理想信念、树立远大理想，成为担当民族复兴大任的时代新人。全书以大学生应该坚定什么样的理想信念，锤炼什么样的品德，如何强健体魄、严于律己等为内容，通过摆案例、讲故事、立规范等形式，明确了大学生在校园内应该践行的文明礼仪和遵守的规章制度，在校园外应该弘扬的传统美德和遵守的法律法规等。针对大学生如何爱国、如何维护民族团结、如何参加社会实践等给出行动指南，在引导新时代大学生等青年群体积极践行社会主义核心价值观方面做了有益探索，具有较强的指导性和教育性。

本丛书的出版有利于在内蒙古营造培育和践行社会主义核心价值观的浓厚氛围，是贯彻习近平新时代中国特色社会主义思想的具体实践，具有重要的现实意义和教育意义。

目　录

扫码查看
· 同系列电子书
· 法制科普教育

第一章
坚定信念，志存高远

扫码查看
• 同系列电子书
• 法制科普教育

"广大青年要肩负历史使命，坚定前进信心，立大志、明大德、成大才、担大任，努力成为堪当民族复兴重任的时代新人，让青春在为祖国、为民族、为人民、为人类的不懈奋斗中绽放绚丽之花。"

——习近平2021年4月19日在清华大学考察时的讲话

当代大学生应努力学习马克思列宁主义、毛泽东思想、邓小平理论、"三个代表"重要思想、科学发展观、习近平新时代中国特色社会主义思想，放眼世界、了解国情，确立在中国共产党领导下走社会主义道路、实现中华民族伟大复兴的共同理想和坚定信念，以实现中华民族伟大复兴为己任，增强做中国人的志气、骨气、底气，不负时代，不负韶华，不负党和人民的殷切期望，努力成为有理想、有道德、有文化、有纪律的社会主义新人。

青年是整个社会力量中最积极、最有生气的力量，国家的希望在青年，民族的未来在青年。今天，新时代中国青年处在中华民族发展的最好时期，既面临着难得的建功立业的人生际遇，也面临着时代使命。新时代中国青年要继续发扬五四精神，以实现中华民族伟大复兴为己任，不辜负党的期望、人民期待、民族重托，不辜负我们这个伟大时代。

（一）树立远大理想

青年的理想信念关乎国家未来。青年理想远大、信念坚定，是一个国家、一个民族无坚不摧的前进动力。青年志存高远，就能激发奋进潜力，青春岁月就不会像无舵之舟漂泊不定。正所谓"立志而圣则圣矣，立志而贤则贤矣"。青年的人生目标会有不同，职业选择也有差异，但只有把自己的小我融入祖国的大我、人民的大我，与时代同步伐、与人民共命运，才能更好实现人生价值、升华人生境界。离开了祖国需要、人民利益，任何孤芳自赏都会陷入越走越窄的狭小天地。

新时代大学生要树立对马克思主义的信仰、对中国特色社会主义的信念、对中华民族伟大复兴中国梦的信心，到人民群众中去，到新时代新天地中去，让理想信念在创业奋斗中升华，让青春在创新创造中闪光！

 小课堂

《七绝·改西乡隆盛诗赠父亲》

毛泽东

孩儿立志出乡关，学不成名誓不还。
埋骨何须桑梓地，人生无处不青山。

这首诗是毛泽东于 1910 年创作的七言绝句，毛泽东目睹国力衰败、民不聊生的惨况，忧国忧民，壮怀激烈，欲走出家乡去实现更大的理想。这首诗是毛泽东走出乡关、奔向外面世界的宣言书，表明了他胸怀天下、志在四方的远大抱负。

为中华之崛起而读书

1898 年 3 月 5 日，周恩来出生在江苏淮安。1910 年他来到东北，先在铁岭上小学，后又转到沈阳东关模范小学。1911 年的一天，正在上

课的魏校长问同学们："你们为什么要读书？"同学们纷纷回答："为父母报仇，为做大学问家，为知书明礼，为让妈妈妹妹过上好日子，为光宗耀祖，为挣钱发财……"等到周恩来发言时，他说："为中华之崛起！"魏校长听到一惊，又问一次，周恩来又加重语气说："为中华之崛起而读书！"

（二）热爱伟大祖国

孙中山先生说，做人最大的事情，"就是要知道怎么样爱国"。一个人不爱国，甚至欺骗祖国、背叛祖国，那在自己的国家、在世界上都是很丢脸的，也是没有立足之地的。对每一个中国人来说，爱国是本分，也是职责，是心之所系、情之所归。对新时代中国青年来说，热爱祖国是立身之本、成才之基。当代中国，爱国主义的本质就是坚持爱国和爱党、爱社会主义高度统一。

新时代大学生要听党话、跟党走，胸怀忧国

忧民之心、爱国爱民之情，不断奉献祖国、奉献人民，以一生的真情投入、一辈子的顽强奋斗来体现爱国主义情怀，让爱国主义的伟大旗帜始终在心中高高飘扬！

 小课堂 ·－－－－－－－－－－－－－－－－－－－－－

当代大学生如何爱国

爱国，是每个人都应该具备的感情，作为新时代青年的大学生更应该有这份热情，因为中华民族的伟大复兴需要一代又一代青年共同的努力，大学生是青年中的先进分子，所以大学生更应该肩负振兴祖国的重任，有了这样的责任感才会为祖国做出贡献。

1.热爱家庭，热爱学校。一个人只有热爱自己的家庭，对家庭有强烈的责任感才可能致力于国家、致力于民族，一个连自己家庭都不爱的人很难想象能为祖国做出贡献。此外，还要热爱自己就读的学校，爱自己的老师，努力学习、掌握知识，努力为国家做贡献。

　　2. 热爱广大劳动人民。爱祖国就要爱人民，爱身边的普通人，与人相处，在语言上热情一点儿，

态度上温和一点儿，行动上多帮一点儿。

3. 努力学习，提高自身素质，增长才干。报效祖国的志向要与自己的真才实学和专业特长相结合，只有不断地掌握知识、增长本领才能为祖国做出更多更大的贡献。因此，对我们来说爱国就是要以报国之志聚精会神搞学习，一心一意谋发展。

4. 当个人问题与重大原则问题发生冲突时，要牺牲个人利益服从国家利益。坚持民族平等反对大汉族主义和地方民族主义，坚持一个中国原则反对搞国家分裂，坚持遵纪守法反对违法乱纪。

5. 如果有机会就从军，直接加入保卫祖国的行列。军队是一所大学校，在那里接受锻炼，为筑牢祖国的钢铁长城贡献自己的聪明才智，为保卫祖国保卫人民贡献自己的力量，这也是爱国的表现。

6. 积极参加各种社会实践活动。要摒弃过去那种"两耳不闻窗外事，一心只读圣贤书"的观念，积极参加学校的、社会的、国家的各种社会实践

活动，锻炼自己、提高自己，为社会做出自己的
贡献。

青年学予学青年习近平

1969 年 1 月，15 岁的习近平来到陕西省延川
县文安驿公社梁家河村插队，直至 1975 年 10 月离
开。青年习近平在插队实践中艰难渡过了跳蚤关、
饮食关、生活关、劳动关、思想关，经历了"苦其
心志、劳其筋骨、饿其体肤、空乏其身"的人生起
点。在延安梁家河插队的七年，青年习近平在入党
行动中践行着革命理想高于天的价值取向，在生产
实践中锤炼了奋斗为民的坚强志向，他带领乡亲们
拦河打坝，一起建沼气池、打深水井，办代销点、
铁业社、缝纫社，办磨坊、办夜校。生产实践锤
炼了青年习近平拼搏奋进、顽强稳重的思想意志，
他在奋斗实践中走好了人生的第一步、系好了"人
生第一粒扣子"——由一个青涩少年脱胎换骨为群
众眼里"吃苦耐劳的好后生"，一心让群众过上
好日子的领路人——农村大队党支部书记。七年知

青经历是习近平总书记治国理政思想的历史起点与开端。青年习近平崇高的精神品质和伟大的人格力量是当代青年励志成才的生动教材，它深刻启迪当代青年学子：你的人生奋斗里，有没有一条梁家河？当代青年的人生奋斗里，是不是需要有这样一条梁家河？

（摘录自《杭州日报》浙江外国语学院"青年学子学青年习近平"学习教育办公室副主任、马克思主义学院党总支书记周明宝所撰《当代大学生要以身许国、奋斗报国》）

青年要永远爱党爱国

2021年是王伟烈士牺牲20周年。2001年4月1日，一架美军EP-3侦察机在中国海南岛东南约70海里的上空，与王伟驾驶的战斗机相撞，飞行员王伟跳伞坠海，壮烈牺牲，永远留在了海天之间。那年，他才33岁，留下了妻子和儿子。2021年清明节，在浙江杭州东北郊的安贤陵园里，王伟烈士的铜像前摆满了鲜花和国产航母、歼-20战斗机的模型。群众们自发地来到他的雕像前献花、静默、肃立。英雄的人民用这种方式永远铭记人民的英雄。

我们的青年是心中装有人民、立志服务人民的好青年。2021 年 4 月 19 日，习近平总书记在清华大学考察时指出，当代中国青年是与新时代同向同行、共同前进的一代，生逢盛世、肩负重任。广大青年要爱国爱民，从党史学习中激发信仰、获得启发、汲取力量，不断坚定"四个自信"，不断增强做中国人的志气、骨气、底气，树立为祖国为人民永久奋斗、赤诚奉献的坚定理想。要锤炼品德，自觉树立和践行社会主义核心价值观，自觉用中华优秀传统文化、革命文化、社会主义先进文化培根铸魂、启智润心，加强道德修养，明辨是非曲直，增强自我定力，矢志追求更有高度、更有境界、更有品位的人生。要勇于创新，深刻理解把握时代潮流和国家需要，敢为人先、敢于突破，以聪明才智贡献国家，以开拓进取服务社会。要实学实干，脚踏实地、埋头苦干，孜孜不倦、如饥似渴，在攀登知识高峰中追求卓越，在肩负时代重任时行胜于言，在真刀真枪的实干中成就一番事业。

（三）担当时代责任

时代呼唤担当，民族振兴是青年的责任。鲁迅先生曾寄语青年，"你们所多的是生力，遇见深林，可以辟成平地的，遇见旷野，可以栽种树木的，遇见沙漠，可以开掘井泉的"。在实现中华民族伟大复兴的新征程上，应对重大挑战、抵御重大风险、克服重大阻力、解决重大矛盾，迫切需要迎难而上、挺身而出的担当精神。只要青年都勇挑重担、勇克难关、勇斗风险，中国特色社会主义就能充满活力、充满后劲、充满希望。青年要保持初生牛犊不怕虎、越是艰险越向前的刚健勇毅，勇立时代潮头，争做时代先锋。一切视探索尝试为畏途、一切把负重前行当吃亏、一切"躲进小楼成一统"逃避责任的思想和行为，都是要不得的，都是成不了事的，也是难以真正获得人生快乐的。

新时代大学生要珍惜这个时代、担负时代使命，在担当中历练，在尽责中成长，让青春在新时代改革开放的广阔天地中绽放，让人生在实现中国梦的奋进追逐中展现出勇敢奔跑的英姿，努力成为德智体美劳全面发展的社会主义建设者和接班人！

 小课堂

青年担当时代大任

在我们党领导人民进行革命、建设、改革的伟大历史进程中更是青年英雄辈出。中共一大召开时毛泽东是 28 岁，周恩来参加中国共产党时是 23 岁，邓小平参加旅欧中国少年共产党时是 18 岁。杨靖宇牺牲时是 35 岁，赵一曼牺牲时是 31 岁，江姐牺牲时是 29 岁，红三十四师师长陈树湘牺牲时是 29 岁，邱少云牺牲时是 26 岁，雷锋牺牲时是 22 岁，黄继光牺牲时是 21 岁，刘胡兰牺牲时只有 15 岁。守岛 32 年的王继才第一次登上开山

岛时是 26 岁，航天报国的嫦娥团队、神舟团队平均年龄是 33 岁，北斗团队平均年龄是 35 岁。青年，通常说的是一群人，一群可爱、可歌可泣的人。比如朝鲜战场上，杨根思、黄继光、邱少云这样的英雄背后，是 30 多万名英雄功臣和近 6000 个功臣集体。他们用胸膛堵枪眼，以身躯做人梯，抱起炸药包、手握爆破筒冲入敌群，忍饥受冻决不退缩，烈火焚身岿然不动，敢于"空中拼刺刀"……谱写了惊天地、泣鬼神的雄壮史诗。改革开放年代，深圳用 40 年实现了由一座落后的边陲小镇到具有全球影响力的国际化大都市的历史性跨越，其背后是现在常住人口平均年龄只有 30 多岁、仍然"年轻"的城市。

一门青年五烈士

夏明翰，出生于湖北省秭归县。1917 年，出身豪绅家庭的夏明翰违背祖父心愿报考新式学校。1919 年他在衡阳参加学生爱国运动。1924 年任中共湖南省委委员，负责农委工作。1925 年兼任湖南省委组织部部长、农民部部长和长沙地委书记。中共八七会议后，夏明翰在湖南积极参加组织秋收起义。同年10月，兼任平（江）浏（阳）特委书记。1928年初，夏明翰任中共湖北省委常委。同年3月，他在汉口被敌人逮捕。1928年3月20日，夏明翰在武汉汉口余记里被杀，时年28岁，牺牲前写下了"砍头不要紧，只要主义真。杀了夏明翰，还有后来人"的就义诗。

夏明衡，夏明翰的胞妹，在哥哥夏明翰的鼓励和支持下，她被中共湘南特委派到衡阳组织暴动起义。由于起义失败，她来到长沙东乡打卦岭。在这里，她化名隐居，在一所小学里任教，后被省清乡委员会发现，清乡委员会派了一个加强排的兵力抓捕她。夏明衡在后有追兵、前有水塘的情况下，自知无路可走，但她宁死也不愿让敌人抓住，便纵身跳下水塘，光荣牺牲。那一年，夏明衡年仅26岁。

夏明震，夏明翰的同父异母兄弟，他在衡阳省立第三师范上学时，积极参加学生进步运动，很快成为湘南学生联合会（湘南学联）骨干成员。

1925 年他加入中国共产党，是中国共产党早期卓越的领导人之一。他领导了著名的湘南起义，组建了中国工农革命军独立第七师，建立了湖南郴县（今湖南省郴州市）苏维埃政府。1928 年 3 月 21 日上午，中共郴县委员会在郴县城隍庙召开群众大会，早有预谋的一小撮反革命分子冲上主席台，手持凶器，朝干部猛砍，当场杀害了夏明震等 9 名领导干部。

夏明霹，夏明翰的弟弟，1925 年加入中国共产党，次年 8 月任衡阳县农民协会青运委员。1927 年 3 月，在哥哥夏明翰的鼓励支持下，赴武昌农讲所学习，结业后回到衡阳，任衡阳农民运动讲习所教员。大革命失败后，经哥哥夏明翰提议，组织派他到衡北、南岳等地从事地下游击工作。1928 年春，夏明霹准备在衡阳搞年关暴动，有一天，他带领一批人员在衡阳市郊金甲岭秘密制造武器，不幸被敌人发现而被逮捕。当时，敌人对他进行了审讯，引诱逼供让他说出党的有关情况。但夏明霹异常坚定，毫不动摇。敌人拿他没办法，就对他施以酷刑，割掉他的脚后跟、用铁丝穿他的手心，但他视死如归，一点也不屈服，高呼"共产党万岁"并不断痛骂敌人。1928 年 2 月 28 日，夏明霹在武演坪刑场英勇就义，时年不到 20 岁。

邬依庄，夏明翰大姐夏明玮的儿子。他也是夏家革命者中牺牲时年龄最小的一个。在大革命失败后，邬依庄看到三个舅舅和姨母都相继壮烈牺牲，国恨家仇铭记心头。1930 年，红军攻打长沙时，在母亲夏明玮的鼓励和支持下，毅然投奔红军。后来他在红军某部任指导员。有一天，邬依庄带人活捉了伪湖南省反省院院长袁筑东，在押送袁筑东回红军总部的途中与敌军遭遇，在激战中，邬依庄不幸中弹牺牲，年仅 19 岁。

卫国戍边英雄陈红军

陈红军，甘肃省两当县人，1987 年 3 月生，2020 年 6 月牺牲。他是新时代革命军人的杰出代表，坚守高原边防 10 年，完成各种急难险重任务。2020 年 6 月 15 日，他奉命带队前往一线紧急支援，在同外军战斗中英勇作战、誓死不屈，为捍卫祖国领土主权、维护国家核心利益壮烈牺牲。陈红军被追授"卫国戍边英雄"荣誉称号。

（四）铸牢中华民族共同体意识

我们辽阔的疆域是各民族共同开拓的，

我们悠久的历史是各民族共同书写的，

我们灿烂的文化是各民族共同创造的，

我们伟大的精神是各民族共同培育的。

中华民族共同体意识是国家统一之基、民族团结之本、精神力量之魂。习近平总书记在2014年召开的中央民族工作会议上指出，"加强中华民族大团结，长远和根本的是增强文化认同，建设各民族共有精神家园，积极培养中华民族共同体意识"。党的十九大报告中明确提出"铸牢中华民族共同体意识"，并将其正式写入新修改的党章。党的十九届四中全会进一步提出"坚持不懈开展马克思主义祖国观、民族观、文化观、历史观宣传教育，打牢中华民族共同体思想基础"。

青年阶段是人生的"拔节孕穗期"，作为民族地区高校大学生要不断加强民族团结进步教育，学好国家通用语言文字，牢牢掌握马克思主义民族理论与中国共产党的民族政策，牢固树立自己是中华民族一员的意识，增强对伟大祖国、中华民族、中华文化、中国共产党、中国特色社会主义的认同，铸牢中华民族共同体意识。

要学好学校开设的铸牢中华民族共同体意识系列课程。学懂弄通中华民族多元一体格局是历史演变的结果，中国、中华民族、中华文化、中华文明和各民族之间存在密切的内在联系；明白党和国家的民族政策根源于马克思主义民族理论，是一脉相承、一以贯之的，同时又是根据社会生活的变化进行不断调整和完善的；懂得铸牢中华民族共同体意识是党和国家站在历史和全局的高度做出的新决策、新部署、新要求；理解为了铸牢中华民族共同体意识，党和国家实施了促进各民族交往交流交融、加强国家通用语言文字教育、推进建立相互嵌入式的社会结构和社区环境等一系列政策措施；深刻理解中国共产党建立和完善民族区域自治制度、繁荣各民族文化，是为了更好地实现各民族共同团结奋斗、共同繁荣发展，不断增强各民族的情感联系、文化共性、心灵共鸣；从历史和现实的比较中，认识到不同民族在历史上是由"多元"走向"一体"，共同创造了灿烂的中华文化；不断推进个人、社会、民族、国家价值观的内在统一，从而为实现中华民族伟大复兴的中国梦共同努力奋斗。

 小课堂 ·----------------------------------

向新时代大学生发出的五点倡议

1. 各族学生要把自觉维护祖国统一和加强民族团结作为自身的神圣职责，旗帜鲜明地维护国家利益和祖国尊严，同一切分裂祖国的言行做坚决斗争。

2. 各族学生应牢固树立、深刻践行中华民族共同体意识，始终把中华民族的共同利益摆在首位。

3.各族学生要充分认识到文化认同是最基本、最深层次的认同，人人充当中华文化的传播者。

4.各族学生必须坚持马克思主义，牢固树立共产主义远大理想和中国特色社会主义共同理想，在思想上政治上行动上同以习近平同志为核心的党中央保持高度一致，不忘初心忠于党、砥砺前行为人民。

5.各族学生要坚定四个自信，凝聚信仰力量，在实现中国梦的生动实践中放飞青春梦想，在为人民利益的不懈奋斗中书写人生华章。

民族团结历史故事一

额济勒河的水，

我们争分夺秒地去渡过，

追击而来的萨拉达斯，

我们用刀枪弓箭去消灭。

启程东返的土尔扈特，

何惧萨拉达斯的威胁，

在蒙古人勇猛顽强的抵抗下，

敌人夹着尾巴逃跑。

离了遥远额济勒水，

回到了故乡伊犁河。

——反映土尔扈特东归的卫拉特民歌

土尔扈特万里东归

明朝末期，由于蒙古各部之间征战不断，土尔扈特部被迫西迁，在伏尔加河流域一带游牧。虽然远在万里，土尔扈特部却始终与祖国保持着联系。清顺治七年（1650年），土尔扈特部派遣使者与刚建立不久的清朝取得了直接联系，并与清朝一直保持着往来。

清康熙五十一年（1712年），康熙皇帝派出图理琛使团慰问土尔扈特部。在宴请图理琛使团时，土尔扈特部首领阿玉奇说："（土尔扈特部）衣服帽式，略与中国同；其俄罗斯乃衣服、语言不同之国，难以相比。"有清一代，土尔扈特部频频向清政府遣使朝觐，万里长路，驿马不绝。

17—18世纪正值沙皇俄国崛起、大肆扩张之时，身处异乡的土尔扈特人备受沙俄统治者的剥削和压迫。乾隆三十六年（1771年），不堪忍受欺辱的土尔扈特部发动起义，决意东归。首领渥巴锡率部众3万多户、约17万人开始了行程万余里的回归祖国的伟大壮举。一路上，土尔扈特部穿越险峻山川、浩瀚沙漠，冲破沙俄军队的追赶拦截，历经艰难困苦，经过半年，终于抵达伊犁河流域，回到祖国怀抱，但一路损失严重，"其至伊犁者，仅以半计"。

土尔扈特部东归让乾隆皇帝十分高兴，他对土尔扈特人的义举给予了高度赞扬，并对他们的生产生活进行了周到细致的安排。同年秋，乾隆皇帝在承德避暑山庄多次接见并宴请渥巴锡等人，渥巴锡将祖传腰刀进献给乾隆皇帝。

土尔扈特部反抗沙俄的压迫奴役、不畏艰险回归祖国，是我国历史上的重大事件。土尔扈特部虽然离开故土一个半世纪之久，但始终在情感上和文化上保持着与祖国的血肉联系，后来万里长途毅然东归，更是彰显了中华民族强大的凝聚力和向心力。正是各民族对祖国的强烈认同，推动了中国作为统一的多民族国家不断巩固和发展。

回归祖国后，土尔扈特部众主要生活在今新疆、内蒙古、青海一带。他们和当地各族人民一起内勤耕牧、外御强敌，为开发和稳定我国西北边疆、维护和巩固国家统一、促进民族团结做出了重大贡献。

中华人民共和国成立之后，聚居在内蒙古自治区阿拉善盟额济纳旗的土尔扈特部后代，为了我国的航天事业多次迁徙。在他们游牧的故地上，东风航天城拔地而起，我国的航天事业从这里蹒跚起步、走向辉煌，我国第一颗人造卫星"东方红一号"、第一颗返回式卫星、第一枚远程运载火箭、第一艘载人航天飞行器"神舟五号"飞船、第一个太空空间站"天宫一号"，都从这里起飞，在太空中镌刻下中国印记。这些伟大成就的取得，彰显了各族人民对祖国的拳拳赤子之心，彰显了以爱国主义为核心的伟大民族精神。

2004年，新疆维吾尔自治区巴音郭楞蒙古自治州将渥巴锡率领部众到达巴音布鲁克草原的日子——6月23日，定为"东归节"。此后，每年

"东归节"期间，当地都会开展形式多样的纪念活动和文化体育活动，大力弘扬以爱国主义为核心的东归精神。"东归节"逐渐成为巴音郭楞蒙古自治州的文化品牌，吸引了八方来客。电影《东归英雄传》、大型实景剧《东归·印象》等一批文艺作品，大力颂扬东归英雄事迹，把爱国、团结、坚韧不拔的精神深植于各族人民心中。

千百年来，中华民族之所以焕发出强大的凝聚力和向心力，就在于各民族有着共同的价值追求和精神皈依；在历史的长河中之所以生生不息、不断发展，就在于凝结为一荣俱荣、一损俱损的命运共同体。历史深刻表明，各民族只有把自己的命运同整个中华民族的命运紧紧连接在一起，才有前途，才有希望。

（来源：国家民委微信公众号。有删改。）

民族团结历史故事二

三千孤儿入内蒙

20 世纪 60 年代初的"三年困难时期",我国食品严重缺乏,上海、江苏、安徽等省市的一些孤儿院,因为食品短缺陷入了困境,3000 多名幼小孤儿营养不良,患病人数越来越多,每天都有告急电话打到全国妇联。当时负责妇女儿童工作的康克清感到十分着急,无奈之下她直接找周总理寻求解决办法。在那个年代,康克清的难处何尝不是周总理的难处呢?周总理给康克清出了主意,请康克清找乌兰夫商量,能否从内蒙古搞些奶粉运往南方,以解燃眉之急。乌兰夫对康克清说:"弄些奶粉解决燃眉之急没问题,但毕竟不是长久之计,抚育孩子不是一天两天、一年两年的事,不如把这些孩子送到内蒙古,由牧民直接抚养。牧区人口少,牧民们十分喜欢孩子,相信他们会把孩子抚养好的。"

康克清将乌兰夫的建议向周总理汇报，周总理非常高兴，觉得这确实是个好办法，并叮嘱乌兰夫一定把这件事安排好。于是，大规模接收南方孤儿的工作在千里草原全面展开。乌兰夫亲自主持会议专门研究接收方案。内蒙古自治区成立了专门的接收安置机构，抽调了一批医护和保育人员，分批赶赴上海、江苏、安徽等地接孩子，并负责孩子们的医疗保育工作。乌兰夫要求接一个、活一个、壮一个。

三千孤儿登上了前往内蒙古大草原的列车，为了让孩子们尽快适应草原生活，对于身体较为虚弱的孩子，内蒙古自治区政府并没有安排牧民立刻收养他们，而是让他们在保育院居住，让他们适应环境、调养身体。孩子们刚来到草原，年小体弱水土不服，孩子们的状况急坏了年仅19岁的保育员都贵玛，一个19岁的未婚姑娘陆续照顾28个孤儿，当起了临时妈妈，从喂奶、喂饭到护理孩子拉屎撒尿，都贵玛用那双勤劳稚嫩的双手将孩子们从头到脚收拾得干净利索。一有孩子生病，无论什么时间，不管外面天气如何恶劣，都贵玛都会跳上马背到医院去，人们常常见到年轻的她在深夜里骑着马，冒着凛冽的寒风和被草原饿狼围堵的危险奔波几十里去找医生。这群来自南方的孩子们熬过了北方的寒冬，扛住了草原上的风雪，一个个都长得结结实实、健健康康的。草原额吉们用自己的大爱践行了对周总理的承诺，最终由都贵玛照顾的28名南方孤儿全部被当地的牧民领养，都贵玛才离开这个临时托儿所，她说："被孩子们叫一声'额吉'就是最大的幸福，我从心里爱他们，也真心感谢他们，让我体会到了做母亲的快乐。"如今这28个孩子早已经成家立业，有了后代，都贵玛有了一个上百人的大家庭，她不是哪一个孩子的额吉，而是草原上国家孩子们的额吉。

一个母亲收养一个孤儿叫作善良，一个草原收养了三千孤儿是一个民族的博爱，三千"国家的孩子"与草原"额吉"共同书写了一个超越地域、血缘、民族的传奇故事。

（来源：国家民委网站。有删改。）

第二章
锤炼品德，明礼修身

扫码查看
- 同系列电子书
- 法制科普教育

人无德不立，品德是为人之本。止于至善，是中华民族始终不变的人格追求。青年要把正确的道德认知、自觉的道德养成、积极的道德实践紧密结合起来，不断修身立德，打牢道德根基，在人生道路上走得更正、走得更远。面对复杂的世界大变局，要明辨是非、恪守正道，不人云亦云、盲目跟风。面对外部诱惑，要保持定力、严守规矩，用勤劳的双手和诚实的劳动创造美好生活，拒绝投机取巧、远离自作聪明。面对美好生活，要有饮水思源、懂得回报的感恩之心，感恩党和国家，感恩社会和人民。要在奋斗中摸爬滚打，体察世间冷暖、民众忧乐、现实矛盾，从中找到人生真谛、生命价值、事业方向。

新时代中国青年要自觉树立和践行社会主义核心价值观，善于从中华民族传统美德中汲取道德滋养，从英雄人物和时代楷模的身上感受道德风范，从内省中提升道德修为，明大德、守公德、严私德，自觉抵制拜金主义、享乐主义、极端个人主义、历史虚无主义等错误思想，追求更有高度、更有境界、更有品位的人生，让清风正气、蓬勃朝气遍布全社会！

（一）校园内——明礼八条

1. 树立国家利益高于一切的观念，维护国家利益。尊敬国旗、国徽，不参与任何有损国家尊严和利益的活动。

2. 维护学校荣誉，不做有损学校荣誉的事情。

3. 进教师办公室应先敲门，经允许后方可入内；在办公室内不要随便乱动办公桌上的物品；如果需要翻看有关书刊，应先征得教师或办公室工作人员的同意。

4.爱护公物，自觉维护校园环境卫生和校容校貌。保护公共设施，不乱贴乱画，不乱泼乱倒；爱惜花草树木，不践踏草坪。

5.保持健康的课余文化生活，不得介绍、购买、出借、传阅内容反动和淫秽的书刊、图片、音像制品等。

6.保持校园安静，不在宿舍区和教学、科研、办公区内进行影响师生工作、学习和休息的体育、文娱活动。

7.关心、热爱班级，维护集体利益；积极参加各项集体活动，个人利益服从集体利益。

8.要定期洗澡，保持个人卫生，穿衣戴帽应美观、大方、整洁。

 小课堂

首都大学生文明公约

热爱祖国	热爱人民	热爱首都	热爱集体
追求真理	志存高远	刻苦学习	勤于实践
遵纪守法	维护安定	见义勇为	乐于助人
团结协作	诚实守信	尊重他人	举止文明
勤俭节约	爱护公物	热爱劳动	保护环境
强身健体	自信豁达	服务社会	报效国家

（二）课堂上——尊师守纪

1.上课前，学生应先进教室，做好准备，静候老师前来上课。若迟到，应在教室外向老师行礼报告，得到任课老师允许后方可进入教室。上课时要专心听讲，不要随便打断老师讲课。

2.上课时应保持仪容整洁，衣着干净大方。

3. 不将食品带入教室，不在课堂吃东西。不得携带与教学无关的物品。

4. 对教室内的电子教具、设备，墙壁、门窗等须倍加爱护，不要随便移动，不得污损。节约用电，离开教室时应随手关灯。

5. 教室内外要保持清洁，不得随地吐痰，乱扔纸屑、果皮等杂物。

6. 下课时，走动、移动桌椅的动作要轻，避免发出响声影响其他班级学习。

 文明顺口溜 •------------------------------

提前就座不迟到，服装整洁重仪表。

回答问题要起立，举手提问勤思考。

保持安静守纪律，通信工具要关闭。

课间休息擦黑板，尊敬老师懂礼貌。

（三）图书馆——静心读书

1.图书馆开放时要有秩序地进馆，要尽量放轻脚步，以免影响他人。

2.借阅图书时不要乱翻乱扔，保持原有摆放顺序。

3.不要替他人占座位，也不要强占暂时离开的读者的座位。阅读后应将书刊及时放回原处，不要一人同时占用多本书刊。

4.不在书刊上乱写乱画，更不得撕毁书刊。

5.进入阅览室后，要将手机调成振动或静音，不在阅览室接打电话。

（四）宿舍里——合理作息

1.注意公共卫生和宿舍卫生，养成良好的卫生习惯，起身后要及时叠好被子，注意床铺整洁；内衣袜子要及时清洗，不乱扔乱放；不随地吐痰，乱抛果皮纸屑，垃圾一律装袋后放入垃圾桶；不往阳台、窗外、门外乱扔废弃物或乱倒污水。

2.相邻宿舍的同学要互相尊重、友好交往。不在宿舍及走廊打闹、起哄，不在宿舍内养宠物。

3.宿舍值日生要做好每天的卫生清扫工作，

宿舍定期做大扫除。

4.养成健康、文明的生活习惯，禁止在宿舍内吸烟、赌博、酗酒、打架斗殴，禁止观看不健康的视频和书刊；严禁在宿舍内喂养宠物。

5.宿舍内要加强团结，互相关心，互相爱护，互相帮助，注意语言美，不讲脏话。

 文明顺口溜

衣被鞋袜和床单，勤洗勤刷要勤换。

床上桌上及地上，处处整洁又干净。

美化寝室新环境，健康得体显雅观。

自觉不使用明火，更不违章乱用电。

男女寝室有区别，自觉决不互相串。

爱护公物我负责，节水省电做贡献。

舍友之间要互助，团结一心共进步。

文明公约要遵守，人人争做好典范。

（五）食堂里——礼让节约

1.就餐者遵守食堂就餐时间，自觉排队，不得插队。

2. 就餐时不将脚跷在凳子上，不在桌凳上乱写乱画，讲究卫生，保持食堂清洁。

3. 爱惜粮食，吃多少打多少。吃剩的饭菜有序倒入泔水桶，不得随便乱倒。不将餐具私自带走。

4. 尊重老师，遇教师排队买饭时，应礼让老师。

5. 尊重厨师、保洁等工作人员的劳动，共同营造食堂良好就餐环境，配合食堂工作人员搞好食堂工作。

 文明顺口溜 -

饭前自觉去洗手，洁净环保靠大家。

自觉不挤排好队，进餐才有好心情。

勤俭节约不浪费，餐具餐桌要保护。

文明卫生共同创，健康永远伴你我。

（六）会堂会场——安静准时

1. 准时参加会议，不迟到、不无故缺席。

2.自觉维护会场秩序，服从工作人员统一指挥，遵守会场纪律，尊重讲话人、报告人的劳动，学会倾听，不做与会议无关的事情。

3.爱护公共设施，保持会场清洁卫生，不在会议场所吃东西，不随地吐痰，不乱扔废弃物。

4.因故迟到或中途退场时动作要轻，以免影响他人。

5.散会时，有序离开会场，不要拥挤，避免造成混乱，发生意外事故。

（七）待人接物——大方得体

1.不要偷看或强行翻看他人物品，不要随便打听涉及隐私的内容，不要私拆他人快递或信件。

2.代转他人的物品要原封不动地转交。

3.遇到问路或其他正常询问时应礼貌回答，认真指引。

4.男女生之间要文明交往、举止得体。与他人交谈时应避免不礼貌的口头语，注意谈吐文明。

5.尊重他人人格、宗教信仰和民族习惯，维护国家荣誉和学校形象，遇见外宾，以礼相待、不卑不亢。

（八）校园外——文明守纪

1.观看电影、演出时，应准时入场，对号入座；做文明观众，严禁起哄滋事。

2.乘坐公共交通工具，应主动购票，给老、幼、病、残、孕让路、让座，不争抢座位。

3.遵守公共秩序，购票、购物要排队，对工作人员要有礼貌。

4.参观博物馆、纪念馆等要遵守秩序，未经同意，不可触摸设备和展品。

5.爱护公共设施、文化古迹；爱护花草树木，保护动物。

6.穿戴整洁，朴素大方。

7.参观革命纪念馆、烈士陵园时，要庄严肃穆，禁止打闹说笑。

8.对违反社会公德的行为，要进行劝阻；遇火灾或重大事故，应先报警，并视自身能力进行科学救护。

9.在外要维护学校的荣誉，不做有损学校荣誉的事。

 小课堂 ○------------------------------------

大学生在外参加社会实践应注意什么

学生通过寒暑假期间组团或个人实践，走出校园、走进社会，走好学校教育与社会教育相结合的第一步。在实践过程中务必要树立"预防为主、安全第一"的观念，将安全意识牢固树立在心间，完成一个充实而有意义的社会实践。

1.大学生在实践过程中要注意哪些安全事项？

实践前应接受社会实践相关安全培训，认真阅读《学生伤害事故处理办法》(教育部令第12号)以及关于外出活动安全方面的书籍，做好各项预防准备措施。

●交通安全。要乘坐正规的、有安全保障的交通工具。严格遵守各项安全乘车规定，服从工作人员的管理。

●财物安全。外出实践，随身不要携带过多现金，不要将自己的行李交给不相识的人看管。在车、船上过夜时，要将贵重物品放在自己的贴身处。如果财物被盗，应立即向当地公安机关报案，并积极配合公安机关的工作。

●投宿安全。要入住有营业执照并且管理正规的旅馆或招待所，可以将贵重物品交给服务台工作人员保管，夜间不要单独出去，睡觉时门窗要锁好，不要与陌生人同住一个房间。

●旅途交友安全。不随便接受陌生人的食物和饮料，不轻易答应陌生人加微信或约会的请求。

●野外安全。在实践过程中，需要走很多路，要穿合适的运动鞋。雨天路滑，要注意行走安全，遇到大风大雨，要及时躲避。

2. 实践过程中发生意外伤害事件，应该怎样处理？

在实践过程中，如发生意外伤害事件，应保持沉着冷静，对现场情况进行客观分析，切不可意气用事。同时，积极配合当地相关部门处理事故，在第一时间将具体情况告知学校、老师和家长，以便学校及时、妥善处理。

3. 在安全问题上，应该如何做好自身防范工作？

社会实践前期要积极参加学校组织的社会实践安全教育培训；认真学习《学生伤害事故处理办法》、社会实践培训相关资料，了解常见事故处理程序；严格遵守国家的法律法规，遵守社会公德，不做违法乱纪和有损学校形象的事情，自觉遵守实践单位的规章制度；自觉保护自己及同伴的生命及财产安全，敢于指正身边同学实践过程中的不安全行为；保持手机畅通，定时和家长、学校联系，如遇突发事件，及时与学校、学院及指导老师联系。

4. 实践过程中，应该如何应对下列情况？

● 水土不服。有些人到了实践地，可能会对新环境不适应，产生的各种不适应的症状通常在适应环境后可自愈。

●中暑。天气炎热，长时间在阳光下暴晒可能会引起中暑。出现头晕、头疼、口渴、多汗、四肢无力等症状时，要立即到阴凉处降温休息，并用清凉油涂于太阳穴、人中穴等处，也可口服风油精。若症状严重，应尽快送医院救治。

●传染病。在陌生的地方，要注意病毒性肝炎等传染病。尽可能不用公共毛巾、浴巾、茶具和餐具，在人多聚集处戴好口罩，不喝生水。

●风寒感冒。天气多变加之路途辛劳，抵抗疾病的能力随之减弱，很容易感染风寒。外出时要注意不要淋雨，做好保暖，避免失温，出现风寒感冒症状要及时服用药物或去医院治疗。

●晕车。容易晕车的人一定要提前服用预防晕车的药，尽可能坐在靠窗通风的地方。

5. 在与实践单位和当地居民接触过程中，有哪些注意事项？

在进行实践策划时务必与实践地提前取得联系，得到实践地的许可与支持后方可进行实践活动。在前期联系实践单位时，要谦恭有礼、语言得体。与当地居民接触时，态度要真诚，注意礼节，尊重当地的风俗习惯，最好在出发前对实践地的习俗进行了解，以避免一些不适当的言行出现。临别时，要向对方致谢，如条件允许，还可以向对方赠送校园文化纪念品等。返校后，可以通过书信、微信、邮件、电话等方式对实践中给予帮助和支持的单位或个人表示感谢，并及时向实践地（单位）反馈实践成果。

6.实践过程中，应该整理和保存哪些资料？

实践过程中整理的材料对于实践后期总结、实践报告的撰写及实践成果转化等都有很大的帮助，一旦遗失，会造成很多不便。因此，同学们在实践过程中，对于资料的整理和保存要注意以下几点：每天的实践活动所得到的数据、访谈记录、有意义的事件、心得体会等要及时整理，以保证实践活动的连贯性，避免由于时间太久而遗忘重要信息；一些纸质材料（如媒体报道材料、记录手稿等）要妥善保管，并将其统一归入特定的档案袋或文件夹中，防止遗失；电子资料要留存备份，防止因存储介质损坏导致资料丢失；实践中的交通票据、发票也要留存，方便后期报销。

7. 实践过程中是否需要向学校反馈信息？

实践过程中的信息反馈是十分必要的。从同学们走出校园到平安归来期间，需要注意以下几点：①实践团队到达实践地时须向学校相关部门反馈信息，实践结束后也须反馈相应的信息。②时刻保持手机畅通，与家长、学校、指导教师保持联络，并及时向指导教师反馈团队安全情况、实践进展等。

8. 实践中需要完成的任务有哪些？

实践过程中，要做好照片采集、实践活动记录、数据整理、实践总结、调研分析等工作。实践过程中，将团队中发生的有意义的、值得宣传的活动和事件写成新闻稿，发给学校。注意收集、保存新闻稿的原稿，便于学校保存留档。

第三章
勤奋学习，砥砺奋斗

　　"人才有高下，知物由学。"梦想从学习开始，事业靠本领成就。广大青年要自觉加强学习，不断增强本领。人生的黄金时期在青年。青年时期学识基础厚实不厚实，影响甚至决定自己的一生。广大青年要如饥似渴、孜孜不倦学习，既多读有字之书，也多读无字之书，注重学习人生经验和社会知识。"纸上得来终觉浅，绝知此事要躬行。"所有知识要转化为能力，都必须躬身实践。要坚持知行合一，注重在实践中学真知、悟真谛，加强磨练、增长本领。

　　——习近平 2016 年 4 月 26 日在知识分子、劳动模范、青年代表座谈会上的讲话奋斗是青春最亮丽的底色。"自信人生二百年，会当水击三千里。"民族复兴的使命要靠奋斗来实现，人生理想的风帆要靠奋斗来扬起。没有广大人民特别是一代代青年前赴后继、艰苦卓绝地接续奋斗，就没有中国特色社会主义新时代的今天，更不会有实现中华民族伟大复兴的明天。千百年来，中华民族历经苦难，但没有任何一次苦难能够打垮我们，最后都推动了我们民族精神、意志、力量的一次次升华。今天，我们的生活条件好了，但奋斗精神一点都不能少，中国青年永久奋斗的好传统一点都不能丢。在实现中华民族伟大复兴的新征程上，必然会有艰巨繁重的任务，必然会有艰难险阻甚至惊涛骇浪，特别需要我们发扬艰苦奋斗精神。奋斗不只是响亮的口号，而是要在做好每一件小事、完成每一项任务、履行每一项职责中见精神。奋斗的道路不会一帆风顺，往往荆棘丛生、充满坎坷。强者总是从挫折中不断奋起、永不气馁。

新时代中国青年要勇做走在时代前列的奋进者、开拓者、奉献者，毫不畏惧面对一切艰难险阻，在劈波斩浪中开拓前进，在披荆斩棘中开辟天地，在攻坚克难中创造业绩，用青春和汗水创造出让世界刮目相看的新奇迹！

新时代大学生要增强学习紧迫感。如饥似渴、孜孜不倦地学习，努力掌握科学文化知识和专业技能，努力提高人文素养。在学习中增长知识、锤炼品格，在工作中增长才干、练就本领，以真才实学服务人民，以创新创造贡献国家！

新时代中国青年要练就过硬本领。青年是苦练本领、增长才干的黄金时期。"青春虚度无所成，白首衔悲亦何及。"当今时代，知识更新不断加快，社会分工日益细化，新技术、新模式、新业态层出不穷。这既为青年施展才华、竞展风采提供了广阔舞台，也对青年能力素质提出了新的更高要求。不论是成就自己的人生理想，还是担当时代的神圣使命，青年都要珍惜韶华、不负青春，努力学习掌握科学知识，提高内在素质，锤炼过硬本领，使自己的思维视野、思想观念、认识水平跟上越来越快的时代发展。

（一）向"历史"学习——
从中国共产党党史中汲取力量

从党史学习中坚定理想信念、筑牢政治灵魂。青年学生应全面了解中国共产党的不懈奋斗史、不怕牺牲史、理论探索史、为民造福史、自身建设史。牢牢把握党史发展的主题主线、主流本质，旗帜鲜明反对历史虚无主义，准确把握中华民族从站起来、富起来到强起来的理论逻辑、历史逻辑和实践逻辑，深刻理解中国共产党为什么能、马克思主义为什么行、中国特色社会主义为什么好的整体逻辑，深刻感悟中国共产党始终不渝为人民谋幸福的初心宗旨，进而把学习成果及时内化为理想信念，切实做到学史明理、学史增信，坚定不移听党话、跟党走，树立为祖国为人民永久奋斗、赤诚奉献的坚定理想，在全面建设社会主义现代化国家伟大实践中建功立业。

从党史学习中弘扬精神谱系、厚植家国情怀。

党史是弘扬精神谱系、厚植爱国情怀的最生动、最有说服力的教科书。青年学生应自觉传承中国共产党在长期奋斗中铸就的伟大精神，积极接受爱国主义教育、革命传统教育、崇尚英雄教育，读懂一个百年大党历尽艰辛、缔造东方奇迹的"神奇密码"，激发其思想认同、情感共鸣，涵养爱国之情、砥砺强国之志、实践报国之行，让爱国主义精神代代相传、发扬光大。

从党史学习中传承红色基因、发扬光荣传统。习近平总书记多次强调，用好红色资源，传承好红色基因，把红色江山世世代代传下去。中华人民共和国是无数革命先烈用鲜血和生命铸就的。在祖国960多万平方公里的广袤大地上，红色资源星罗棋布，红色故事引人入胜。大学生应深入革命博物馆、纪念馆、党史馆、烈士陵园等红色基地，学好党史，讲好身边的"红色故事"。认真上好思政课，涵养高尚的道德品质，不断淬炼当代大学生的红色信仰，使红色基因渗进血液、浸入心扉，努力成为传承"基因红"、建功立业新时代的红色"后浪"。

从党史学习中矢志艰苦奋斗、勇担时代重任。党史是激励青年学生艰苦奋斗、勇担时代重任的"对标尺"。伟大梦想是拼出来的，伟大事业是干出来的。学习党史，重在力行。广大青年学生要主动汲取党史中的智慧光芒和精神力量，心怀"国之大者"，将"小我"融入"大我"，不断增强做中国人的志气、骨气、底气，扎根人民、至诚报国、服务社会，在攀登知识高峰中追求卓越，在肩负时代重任中行胜于言，在真刀真枪实干中成就非凡事业。现场是最好的教学，实践是最好的课堂。要积极参与社会实践活动，赓续红色血脉，磨砺奋斗意志，增强斗争本领，让青春之花绽放在祖国最需要的地方，在实现中国梦的伟大实践中书写别样精彩的人生。

 **小课堂**

党史上那些可爱的青年

李大钊、陈独秀、毛泽东、周恩来、陈延年、陈乔年、邓中夏、赵世炎……这些一百年前中国的先进分子和一群热血青年追求真理、燃烧理想的激情，感动了无数人。没有人永远年轻，却永远有人正年轻。百年党史上，永远不乏风华正茂的年轻人，怀揣一腔热血，投身到革命、建设与改革事业中。他们的青春与热血，铸就了今日之中国。回顾这伟大的岁月，看看那些可爱的青年人。

真理的味道非常甜

1920 年春，浙江义乌分水塘村。一个不到 30 岁的青年正在夜以继日地翻译书籍，反复推敲字词语句。他的母亲特意为儿子包了粽子改善伙食，并叮嘱他吃粽子时记得蘸红糖水。过了一会儿，母亲在外面喊着说："你吃粽子要加红糖水，吃了吗？"他说："吃了吃了，甜极了。"母亲推开门，却发现儿子嘴上全是墨水，手边的红糖水却一点没动。当时，这位叫陈望道的青年，正在呕心沥血翻译《共产党宣言》。于是由此引出一句话：真理的味道非常甜。陈望道翻译的《共产宣言》一经问世，立刻引起强烈反响，进步知识分子竞相购买、争相阅读，初版时刊印的1000册书很快便销售一空。截至1926年5月，由陈望道翻译的《共产党宣言》已重印达17版之多。习近平总书记指出，100年前，陈望道同志翻译了首个中文全译本《共产党宣言》，为引导大批有志之士树立共产主义远大理想、投身民族解放振兴事业发挥了重要作用。

对革命事业忘我投入的还有大批青年女性。山东省蒙阴县的张玉梅、伊廷珍、杨桂英、伊淑英、冀贞兰、公方莲，她们出身苦寒，但她们英勇支前，为子弟兵送军粮、做军鞋、看护伤病员，置自己的生命安危于不顾。陈毅元帅把她们称作"沂蒙六姐妹"。2013年11月，习近平总书记在山东考察时深情地说，在沂蒙这片红色土地上，诞生了无数可歌可泣的英雄儿女，沂蒙六姐妹、沂蒙母亲、沂蒙红嫂的事迹十分感人。

中华人民共和国成立后，青年人是生力军。1954年，北京展览馆工地，胡耀林等18名团员青年竖起了全国第一面青年突击队旗帜。胡耀林青年突击队成立后，原定 478 个工日才能完成的施工任务，仅用 11 个月就完成了。巍峨庄严的北京展览馆，至今仍挺立在繁华的西直门商业区，成为中华人民共和国建筑史上的一个奇迹。从那时起，"青年突击队"这个响亮的名字从火热的工地走向中华人民共和国建设的各行各业。

改革开放年代，青年人是生力军。陆建新来到深圳那年正好 18 岁。那年，整个城市还都是矮小的房子。他参与建设了当时中国第一高楼——深圳国贸大厦。青年人的梦想是建设一座新城市，他陆续参与了多座深圳地标的建设，创下了多项纪录，成为"深圳速度"的见证人。

新时代，青年人是生力军。2021 年五四青年节来临之际，共青团中央、全国青联共同颁授第 25 届"中国青年五四奖章"，表彰青年中的优秀典型和模范代表。授予王焱凹等 30 名同志第 25 届"中国青年五四奖章"，授予内蒙古自治区森林消防总队大兴安岭支队莫尔道嘎大队七中队等 14 个青年集体第 25 届"中国青年五四奖章集体"。确认新时代卫国戍边英雄群体等 6 个青年集体获第25届"中国青年五四奖章集体"、刘烨瑶等4名同志获第25届"中国青年五四奖章"。

一代人有一代人的长征,一代人有一代人的担当。新时代中国青年正在担当起属于自己的时代责任。中国青年是热血沸腾的青年、铁骨铮铮的青年,为党为国为家,无数青年人抛头颅洒热血,哪怕献出生命也无悔。信仰的力量,让青年人无所畏惧。

他们如此年轻,却如此坚决。1928年,年仅28岁的夏明翰,在身陷牢狱后仍坚贞不屈,在给妻子的家书中发出"坚持革命继吾志,誓将真理传人寰"的豪迈誓言,更是在英勇就义前留下了"砍头不要紧,只要主义真。杀了夏明翰,还有后来人"的千古绝唱。1929年,年仅34岁的刘仁堪,在就义前痛斥敌人,被敌人残忍地割下了舌头后,他仍然用脚蘸着鲜血写下"革命成功万岁"六个大字。1934年,年仅21岁的江善忠,在敌人搜山时,为掩护红军伤员,他把敌人引到三面绝壁的芒槌石顶峰,留下血书,"死到阴间不反水,保护共产党万万年"。1935年,年仅36岁的方志敏,牺牲前留下的铮铮誓言是"敌人只能砍下我们的头颅，决不能动摇我们的信仰"。赵世炎参加过著名的"五四运动"，也曾领导过震惊中外的上海工人大罢工，1927年，年仅26岁的他不幸被捕，壮烈牺牲。王良参加过秋收起义，参与创建井冈山革命根据地，年纪轻轻即升任红四军军长，1932年，年仅27岁的他在率红四军奉命回师赣南根据地途中遭敌人袭击，不幸壮烈牺牲。江竹筠被捕后关押在位于重庆的渣滓洞，遭酷刑仍不屈服，拒不交出军统所要的中共地下党情报。1949年，年仅29岁的她壮烈牺牲于歌乐山电台岚垭刑场。王朴22岁开始为党工作，因《挺进报》事件，重庆和川东地下党组织遭到严重破坏，他也因叛徒出卖而被捕，无论面对酷刑还是诱惑都不为之所动，1949年，年仅28岁的他被敌人杀害于重庆大坪。陈然曾任中共重庆地下党主办的《挺进报》特别支部书记，并负责《挺进报》的秘密印刷工作，1949年，年仅26岁的他在重庆大坪壮烈牺牲。这些在百年党史中留下奋斗身影的青年，是一代代青年人的榜样。

中华人民共和国成立后，这样的例子依然数不胜数。雷锋，一个富有永恒魅力的名字。1962年，年仅22岁的他因公殉职。有人梳理雷锋的日记，发现有100多处提到"人民"，"把有限的生命投入到无限的为人民服务之中去"，他对自己抠门对别人大方，攒钱捐给灾区、送给有困难的战友，时常义务劳动，在火车上帮旅客端茶送水……1963年3月5日，毛泽东主席发出"向雷锋同志学习"的号召。2018年9月28日，习近平总书记在辽宁抚顺考察时，向雷锋墓敬献花篮，参观了雷锋纪念馆。他指出雷锋是时代的楷模，雷锋精神是永恒的。

每个时代都有每个时代的楷模。要实现中华民族的伟大复兴，还要不断闯关夺隘，需要不断涌现新的时代楷模。王杰是20世纪60年代涌现出来的伟大共产主义战士，他为了保护身边12名民兵和人武干部的生命而光荣牺牲，成为全党全军全社会学习的模范。王杰牺牲时年仅23岁。他热爱学习，写下了10多万字的日记。日记公布后，在全社会引起强烈反响。2017年12月13

日，习近平总书记到第 71 集团军视察时强调，王杰精神过去是、现在是、将来永远是我们的宝贵精神财富，要学习践行王杰精神，让王杰精神绽放新的时代光芒。

2021 年 2 月 18 日，习近平总书记在给上海市新四军历史研究会百岁老战士们的回信中强调，全党即将开展党史学习教育，希望老同志们继续发光发热，结合自身革命经历多讲讲中国共产党的故事、党的光荣传统和优良作风，引导广大党员特别是青年一代不忘初心、牢记使命、坚定信仰、勇敢斗争，为新时代全面建设社会主义现代化国家而不懈奋斗。面对未来，中国青年有着更加重要的使命。"我相信，当代中国青年一定能够担当起党和人民赋予的历史重任，在激扬青春、开拓人生、奉献社会的进程中书写无愧于时代的壮丽篇章！"习近平总书记这样勉励广大青年。

（二）向"课堂"学习——
掌握学习技巧，养成良好的学习习惯

学习是主观能动性的活动，是以学生为主体、对人类所积累的知识经验进行认知和重新发现的活动。大学生应根据大学的学习环境和组织形式，不断改进学习方法，更多地获得知识。

1.制订有针对性的学习目标和计划。首先要树立明确的学习目标，制订切实可行的学习计划。①学习目标应是德智体等全面发展的目标，而不仅仅是对各科知识学习的要求；②要将长远目标与近期目标相结合，目标不能空洞，要切合实际；③学习计划要有内容和时间的安排，闲暇时间也要考虑在内。

2.带着任务预习。课前预习能深入而细致地理解教材，预习不是阅读教材，而是要围绕老师所提出的要求和问题进行探索和思考，理解教材的中心思想和主要内容。预习中还要记下疑难问题，以便在听课时解决。大学生的预习可以以一本教材为主，但也不要局限于这本教材，在有时间和能力的情况下，要尽可能博览群书。

3.积极听课。听课理解知识的过程，就是运用已有的旧知识来理解新知识，把新知识纳入已有认知结构的过程。在听课过程中，可联系已有的知识经验，对新旧知识之间的同异进行分析比较，通过抽象和概括形成新概念，只有这样，才能使新旧知识形成知识体系。听课时不仅要多思考，使新旧知识衔接融合，还要尽可能地对所学知识进行重新发现与探索。发现与探索学习不仅有利于知识的掌握，也有利于思维能力的培养。

4.科学地组织复习。组织复习不是简单地阅读已学过的学习资料，而是要达到进一步消化已学过的知识和发展思维能力的目的。①及时进行复习。按照心理学的规律，要提高记忆的效率，必须在学习新知识之后立即开始复习，不要等到开始遗忘之后才进行。②分散复习是指对已学知识的复习不能集中在同一时间段进行，而要分散在不同的时间段进行，这有利于提高学习效率。

如何分散复习资料，则要根据资料的多少、难度与每个人自身的能力而定。③复习方式多样化。分散复习与集中复习相结合是良好的复习方式。学生在课后可以及时复习当天的知识，还可以每天复习与每周的阶段复习相结合，或者把逐步复习与更长阶段（一个月、一个学期）的复习相结合。总的规律就是要把分散复习与集中复习结合起来，巩固学习效果。在复习文字资料的时候，可以采用阅读与回忆相结合的方式，即先用回忆的方法重现学过的知识，然后在重现的基础上阅读学习资料，如此反复交替地进行，直到熟记知识点。交替复习可以有意识地将知识点重新进行识记，这比反复机械地阅读熟记资料更有利于加强记忆。④复习与创新相结合。通过各种练习和实践进行复习，要有意识地拓展思路，发展创造性思维。例如，在解题或实际应用时，有意识地设立不同的情境，从不同角度以不同的"变式"解决问题。这种方法有利于拓展思路，培养创新能力。

5.加强练习。将所学知识应用于实践是深入领会知识、培养技能的途径。在学习新知识后通过书面作业、实际调查、参观实验和社会实践等多种途径进行实践和练习，可以进一步巩固所学知识，使自己的能力得到相应提高。

6.寻找适合自己的学习方法。学习方法既有共性，也有特性，适合别人的学习方法不一定适合自己，这是因为每个人的文化基础不同、学习能力不同、个性特点也不同。有的人喜欢迅速而简捷地完成学习任务，有的人则习惯深入地领会和发现新知识；有的人喜欢全面概括地掌握知识，有的人则喜欢深入细致地研究知识点；有的人学得快，而有的人学得慢。因此，大学生要针对学习的内容和对学习的不同要求，根据个人的特点，在借鉴别人学习经验的基础上摸索和总结适合个人特点的学习方法。

（三）向"实践和人民群众"学习——
脚踏实地，知行合一

向实践学习、向人民群众学习是马克思主义的重要观点，是时代发展和国家振兴的现实需要。实践是人类认识的基本来源，是检验真理的唯一标准。人民群众是社会实践的主体，是推动历史前进的根本力量，这是唯物史观的基本观点。当今世界正经历百年未有之大变局，我国正处于实现中华民族伟大复兴的关键时期，需要一大批既有创新思维和深厚文化科学知识基础，又有丰富实践经验和艰苦奋斗精神的能够堪当国家建设重任的栋梁之材。青年学生应通过支教扶贫、投身乡村振兴等多种方式向实践学习、向人民群众学习，积极投身于人民群众的实践，增强实践观念和对人民群众的深厚情感。

向实践学习、向人民群众学习是促进青年学生成长成才的重要途径，是培养中国特色社会主义合格建设者和接班人的必然选择。青年学生要成长为堪当国家建设重任的栋梁之材，必须在人民群众的实践中经风雨、见世面，把在校园内的学习、科学研究与社会实践结合起来。只有抓好课堂教学和科学研究，才能帮助学生掌握广博的先进科学文化知识；只有让学生向实践学习、向人民群众学习，才能更好地帮助学生认识国情、丰富阅历、磨炼意志、增长才干，为将来走上社会、成就事业打下坚实基础。当代青年大学生接受了比较全面系统的学校教育，有比较深厚的科学文化知识基础，视野开阔、思想活跃，接受新事物的能力和开拓创新能力都比较强。但其社会阅历、实践经验相对不足，缺乏对基层一线和人民群众的深入了解，只有尽力补上社会实践这一必修课，才能真正成长为堪当国家建设重任的栋梁之材。

第一，大学生如何向实践、向人民群众学习。大学生可以积极参加社会实践、志愿服务、支教等活动，自觉接受实践考验和人民群众教育。一是在社会实践中进一步坚定崇高的理想信念，增强全心全意为人民服务的宗旨意识，不断增进对祖国的热爱和对人民群众的深厚感情，深刻认识自身肩负的使命和责任。二是确立成长成才的正确方向，把个人的成长成才与国家的发展和人民群众的需要紧密结合起来，在为人民服务的生动实践中实现个人价值。三是切实掌握实际本领，在解决实际问题的过程中开阔视野、丰富阅历、增长才干，广泛学习借鉴人民群众的经验和智慧，不断提高实践能力和创新创业能力。四是培养优良品质和作风，在艰苦地区、基层一线经受社会实践的考验和挑战，砥砺品质、磨炼意志、锤炼作风。

第二，大学生更好地深入实践、深入群众要处理好几个关系。一是理论与实践的关系。既要深入社会实践学习人民群众的经验，又不能局限于现状和固有经验，应将科学文化知识与社会实践调查研究紧密结合，促进理论与实践良性互动。二是学习与服务的关系。既要虚心向实践学习、向人民群众学习，又要积极运用先进科学文化知识帮助当地群众解决实际问题，提高他们的科学文化水平，在社会实践中有所作为。三是工作与生活的关系。既要在艰苦地区、基层一线潜心学习、勤奋工作、迎接挑战、经受考验，又要保持健康的心态、强健的体魄和充实的文化生活，做到学习工作和生活两不误、两促进。四是个人与团队的关系。既要充分发挥个人主观能动性、积极性，又要充分发挥团队精神，搞好团结协作和传帮带，做到聚是一团火、散是满天星。

第四章
遵规守纪，严于律己

扫码查看
· 同系列电子书
· 法制科普教育

（一）了解学生的权利与义务

学生在校期间，一般依法享有的权利：

1. 参加学校教育教学计划安排的各项活动，使用学校提供的教育教学资源。

2. 参加社会实践、志愿服务、勤工助学、文娱体育及科技文化创新等活动，获得就业创业指导和服务的机会。

3. 申请奖学金、助学金及助学贷款。

4. 在思想品德、学业成绩、运动健康等方面获得科学、公正评价，完成学校规定学业后获得相应的学历学位证书。

5. 在校内组织、参加学生团体，以适当方式参与学校管理，对学校与学生权益相关事务享有知情权、参与权、表达权和监督权。

6. 对学校给予的处分有异议，向学校、教育行政部门提出申诉，对学校、教职工侵犯其人身权、财产权等合法权益的行为，提出申诉或者依法提起诉讼。

7. 法律、法规及学校章程规定的其他权利。

学生在校期间，一般依法履行的义务：

1. 遵守宪法和法律、法规。

2. 遵守学校的规章制度。

3. 恪守学术道德，完成规定学业。

4. 按规定缴纳学费及有关费用，履行获得奖学金及助学金的相应义务。

5. 遵守学生行为规范，尊敬师长，培养良好的思想品德和行为习惯。

6. 法律、法规及学校规章制度规定的其他义务。

（二）遵守宿舍行为规范

1.自觉遵守宿舍管理的各项规章制度，服从管理，主动配合有关人员的检查。遇到停水停电等突发事件时要保持安静和冷静，通过学生干部或管理、值班人员及时解决问题，严禁起哄滋事，严防意外发生。

2.遵守作息制度，晚间迟归要主动进行登记。在别人学习或休息时，动作要轻，打电话或视频时要考虑周围人是否在休息，注意保护他人隐私。

3.严禁将易燃、易爆的物品带回宿舍，宿舍内严禁使用酒精炉、煤油炉、电炉、热得快等设备，严禁偷电、私接电源，不准自行留客住宿。不得在宿舍内抽烟、酗酒，宿舍内不得养宠物。

4.提高自我防范意识，提高警惕，防火防盗。休息或外出时要锁好门窗，玻璃坏了要及时报修，发现可疑人员要立即向值班人员报告。

5.认真执行学校宿舍管理制度，不在宿舍内居住时，要按规定向宿舍管理人员报告登记，返校后要及时说明。

（三）遵守运动会及各类比赛行为规范

1. 参加比赛要遵守相关运动规则。

2.观看比赛时，要尊重裁判和工作人员，自觉遵守并维护运动场秩序，要为双方的精彩表现鼓掌，不要鼓倒掌、喝倒彩。

3.参加体育比赛时，要做好个人防护，如身体不适要立即停止比赛。

（四）遵守网络行为规范

1.不在网上散布、传播谣言，不浏览、发布不良信息。

2.弘扬优秀传统文化，遵守网络道德规范，诚实友好交流，不侮辱、欺诈和诽谤他人，不侵犯他人的合法权利。

3.自觉维护公共信息安全，维护公共网络安全，不制作、传播电脑、手机病毒和谣言，不非法侵入计算机信息系统，自觉维护网络秩序。

4.正确运用网络资源，不沉溺于虚拟世界，不在网上进行黄、赌、买卖个人信息等非法活动，保持身心健康。

5.增强自我保护意识，不在网上公开个人信息，不随意约见网友，不参加无益身心健康的网络活动。

 文明顺口溜 -

网上内容很丰富，查资问料真方便。

网络游戏最虚幻，切莫沉溺要谨慎。

网络聊天要小心，切莫谈及隐私事。

说话用语要文明，污言秽语决不用。

节制有度护眼睛，该休息时要休息。

以护网安全为荣，以毁网秩序为耻。

以上网有度为荣，以沉溺网络为耻。

以诚实文明为荣，以欺诈诽谤为耻。

以自我保护为荣，以伤害别人为耻。

（五）遵守社会其他行为规范

1.遵守交通规则，注意交通安全。

2.自觉履行公民义务，维护法律尊严，对违法行为勇于揭发检举，敢于批评；对违反社会公德的行为，要进行劝阻。

3.遵守公共秩序和公序良俗。尊重少数民族的风俗习惯和他人的宗教信仰。

第五章
强健体魄，磨炼意志

扫码查看
同系列电子书
法制科普教育

少年强、青年强则中国强。少年强、青年强是多方面的，既包括思想品德、学习成绩、创新能力、动手能力，也包括身体健康、体魄强壮、体育精神。希望通过你们在这届青奥会上的精彩表现，带动全国广大青少年都积极投身体育锻炼，既把学习搞得好好的，又把身体搞得棒棒的，做到德智体美全面发展，将来成为祖国建设的栋梁之材。

——习近平 2014 年 8 月 15 日看望南京青奥会中国体育代表团时的讲话

青年学生应强健体魄，把坚定理想信念与练就强健体魄结合起来。既要树立为实现中华民族伟大复兴的中国梦而奋斗的远大理想，坚定走中国特色社会主义道路的人生信念，又要脚踏实地学好知识，修养品德，练好身体，为实现中华民族伟大复兴的中国梦拼搏奉献。

青年学生应文体互融，把弘扬中华优秀传统文化与参与体育活动贯通起来。中华优秀传统文化源远流长、博大精深，传统体育文化是中华优秀传统文化的重要组成部分，要把开展传统体育活动作为体育健身的重要内容，在参与中感悟"修齐治平""为往圣继绝学，为万世开太平"的千古夙愿，继承和弘扬中华优秀传统美德，培养和践行社会主义核心价值观。

体育健身贵在知行合一，难在持之以恒。青年学生应把体育锻炼作为一种生活方式，养成自觉、形成习惯，在日复一日、坚持不懈的体育锻炼中，锤炼坚强意志、塑造健全人格、磨砺奋斗精神，养成坚韧不拔、团结友爱、勇于拼搏、开拓进取的精神品质。

（一）走下网络，走出"舒适区"，在运动中磨炼意志

网络时代，"网络文化"对学生的知识获取、生活方式产生了重大影响，也使一些同学的主要阵地从图书馆、校园内外，趋向于宿舍之内、网络之上。过度地沉迷网络游戏和视频会蚕食学生的身心，消磨学生的意志。大学生应走出自我舒适区，将网络作为成长的工具，而不是被其奴役。走下网络除了习惯的改变之外，还有很多更深层次的含义。我们的社会是共同生活的个体通过各种各样社会关系联合起来的集合体，而大学阶段正是个人了解社会、融入社会的关键阶段。网络游戏和网络社交会使大学生的社交更加虚拟化、娱乐化、碎片化，以自我为中心，往往对现实社会的认识有所偏差。变被动为主动的大学教育模式带给了学生一定的自由，但是学生应该加强自我教育、自我管理和自我成长。

规律作息，科学锻炼，在运动中强健体魄。早睡早起，不通宵熬夜，认真上好每一节体育课，保持规律作息，养成良好的生活习惯。走下网络，充分利用学校的运动设施和现有的体育资源，掌握科学、规律、健康的运动方法，以健康的体魄迎接每一天。

　　磨炼意志，持之以恒，在运动中完善品格。意志在于磨炼，成功在于坚持。选择适合自己的健身方式，循序渐进，全情投入，长期坚持，形成习惯。在体育运动中既要克服惰性，培养敢于拼搏、果断勇敢的意志品质，也要学会团结协作、互助共赢，增强集体荣誉感和团队领导力，真正从体育运动中完成自我修炼。

　　增强体质，崇尚健康，在运动中传递幸福。健康是智慧的条件，是愉快的秘诀。提倡以"健康运动，快乐学习"的理念为导向，身体力行并带动身边的同学参与到体育锻炼中，传递健康与快乐，形成自觉锻炼、主动健身、追求健康的良好风尚，以饱满的热情和乐观的心态去面对生活中的挫折与困境。体育之效不仅在于强筋骨、强意志，还能使我们在运动中领略体育的魅力，感受运动的激情，体会锻炼的快乐，挥洒青春的汗水。

 小课堂

大学生如何科学地进行体育锻炼

1. 锻炼前应做好充分的准备活动

准备活动不仅能使基础体温升高，促进血液循环，使肌肉的应激性提高、关节柔韧性增强，也能减少锻炼前的紧张感和压力，这在很大程度上可以预防损伤的发生。

2. 锻炼后做好放松活动

做好放松活动可以使体温、心率、呼吸及肌肉的应激反应恢复到锻炼前的正常水平。从预防损伤的角度来看，放松活动同锻炼前的准备活动一样重要。根据不同的运动项目进行针对性的放松，可以防止锻炼后出现肌肉酸痛，也有助于缓解精神压力。

3. 注意自我保护

我们在锻炼过程中要密切注意自己的身体反应，出现不适不要大意，要及时就医。

4. 加强易损部位的训练

加强针对易损部位和较弱部位的训练，预防关节损伤。平时应加强易损关节肌肉的训练，提高易损关节肌肉的力量，增强肌肉对关节的支撑力。

5. 使用必要的运动护具

在许多运动中，使用运动护具是非常必要的。护腕、护膝、护肘的使用，极大地防止了运动伤害的发生。另外，选择适合自己的运动装备也可降低运动损伤发生的几率。

6. 补充电解质

运动时我们会大量出汗，许多电解质成分也会随汗液排除。我们要及时补充这些流失的电解质，比较简便有效的方法就是饮用运动型饮料。这些饮料中一般会含有人体所需要的电解质。

（二）走出宿舍，亲身体验大学校园文化

宿舍应当是休憩的驿站，不应成为自我封闭脱离社会的寄居壳。大学生是校园的主人，主人们应该是一群知悉学校历史、校园文化，富有精气神的逐梦之人。大学生应去创造属于自己的校园文化，彰显属于这个时代的精神，去广阔的天地中绽放自己的光彩。积极参与学校社团活动，在学好课程之余，锻炼工作能力，在社团中培养爱好、结交好友，在更广阔的平台找寻自我的价值。

 小课堂 • -

大学生参加社团的好处

1. 发挥学生主体作用

高校学生社团一般是在校大学生依照共同的

兴趣、爱好自发组成的群众性校园业余组织。它遵循"自我教育，自我管理"的理念，社团成员在组织的成立、管理，活动的开展方面具有较高的自主权和参与权，有利于真正发挥学生的主观能动性。社团组织的学术研讨、专题辩论、技能竞赛、科研创新等活动，主要是根据社团成员的专业方向、专业兴趣、社会需要等开展的，可调动学生的主观能动性，有利于学生自主地加强专业学习、强化专业技能、提高专业素质。社团成员间相互接触、相互感染、相互模仿、相互强化，学生的主体能动性得以体现、学习的积极性得以发挥、整体专业水平得以提高。

2. 激发上进心

专业社团开展的实践活动有助于激发学生的上进心。社团基于大学生兴趣成立，实施自主化管理，社团活动往往根据社团成员的需要、兴趣开展，社团为学生的发展提供了宽广的舞台，体现了素质教育所强调的"充分发挥个人的主观能动性，在可能的发展水平内充分、自由发展"的教育理念。社团的活动相对于实验实训课来说，成本较低、时间宽裕、形式丰富，为学生拓展了展示自我的平台。社团组织开展的活动内容丰富、形式多样，对于引导学生正确认识所学专业，激发求知欲，端正学习态度，增强学习动力具有正

向促进作用。

3.拓宽知识面、获得新知识

通过参加社团实践活动既可巩固已掌握的知识，也可收获大量新知识。社团往往挂靠在对应的院系，以专业为基础，活动主要围绕本专业进行开展，由相关专业教师对其进行学术指导，专业方面的支持使社团成员专业知识结构更加完善。社团是一个师生交流学习的平台，专业指导教师与学生沟通并指导社团活动，为学生提供课外辅导的机会。学生在课后巩固所学专业知识，并在社团活动中得以运用并实践。社团活动是课堂教学的延伸，社团成员在开展各项活动的过程中，不仅能加深大学生对理论知识的理解，拓宽他们的知识面，极大地提高了成员的专业兴趣，同时使学生更好地将理论同实际联系起来，强化实践技能，锻炼学生的动手能力和创新思维。

4.锻炼组织能力

学生社团作为校园文化的重要载体，为大学生素质教育的开展和创新能力的培养提供了广阔的天地，是素质教育的重要阵地。社团活动培养锻炼了学生的管理、组织和服务能力。社团活动需要大量成员的参与，需要相互交流、密切合作，协同解决活动过程中出现的问题，这个过程培养了学生的沟通协调能力、团队协作精神。面对专业知识和技能方面存在的问题和难题，学生们需要相互讨论、查阅文献，培养提高了学生的文献查阅能力、动手操作能力、探索创新能力等。

学生通过参加社团活动，既掌握了知识，丰富了经验,也锻炼了能力，学会了做人，懂得了做事，全面提升了综合素质。社团在开展各类实践活动过程中，不可避免地会遇到各种各样的问题和难题,成员们会自己去思考和探究、寻求指导和帮助，成员间会相互交流与合作、相互讨论与激发,最终找到解决问题的思路和办法。通过独立思考和自我锻炼，发挥了学生在实践活动中的自我教育、自我管理、自我服务的作用。

5.创造了实习机会

社团通过组织各类实践活动为同学们创造了成长发展的机遇。这些到企业参加实践锻炼的活动,为许多学生就业创造了机会。在校企合作育人成为高校和企业共识的今天，由学生组建、学校和行业企业共同指导的专业社团，正在成为应用型高校创新人才培养的一种新模式。校企合作能够为学生带来更多的机遇，学生可以在学习阶段评估自己的职业技能，锻炼人际交往能力，提升自身的社会适应性。社团与社会和企业之间开展多种形式的活动，架起了学生和企业之间的桥梁，帮助学生在企业实训一线和实际生产中解决问题，了解市场行情，熟悉产品特性，通晓营销流程，认知企业文化，培养职业精神，增强岗位能力，实现"学生毕业与就业的零过渡，人才质量与企业要求的零距离"。

（三）走向操场，参加体育运动，强健身心

大学是个人从随波逐流到自我觉醒，从以个人为中心到融入社会的重要阶段，在大学养成良好的生活习惯，形成正确的价值观是大学生培养

的重中之重。

喜爱体育运动的人往往健康乐观。参加体育运动可以使人逐渐形成自觉、果断、坚韧的意志品质，是强健身心的极佳途径。

 小常识 •-------------------------------------

重科学，防受伤

1. 快跑需要急停时，应减速缓停，否则，踝、膝、髋、腰等关节容易受伤。

2. 跳远或体操脱离器械落地时，要注意双腿并拢屈膝后站起，以减轻膝关节和踝关节的压力。

3. 在参加篮球、足球、手球等对抗性较强的运动项目时，上肢要有一定程度的外展，并保持相对的紧张度，以防外来的突然性暴力动作带来的伤害。另外，降低重心也是很好的自我保护方法。

4. 运动时要充分做好准备活动，正确使用保护带。

 小案例 •--

2017 年，清华大学出台规定，从 2017 级本科新生开始，游泳将与毕业证绑定，新生入学后将进行游泳测试，不会游泳的学生必须修习游泳课（特殊情况除外），通过者才能获得毕业证。同时，清华大学本科采取"422"的体育课程体系，体育课贯穿本科生大学四年，并且每年都要进行男生 3000 米、女生 1500 米的长跑测试。

东南大学每天早上的 6:45 ~ 7:15 是大一、大二学生的早操时间，这是该校保持了 40 余年的传统。此外，东南大学自 2013 年开始实行有时间、有学分、有计划、有教师辅导的课外活动保障体系。

浙江大学通过"健康之友"会员制教学模式，将教学与训练、课内与课外、普及与提高、校内与校外有机结合。2014 年成立水上运动俱乐部后，每年参加水上运动的师生、校友达 3000 人。同时，从 2011 年开始为测试不及格、平时缺乏锻炼的学生提供"私家体质教练"，即体质健康提高班服务。截至 2016 年共开设 44 个特训班，参训学生 2567 名。

后　记

　　"文明内蒙古丛书"从选题策划到成书，历时一年，如今终于付梓。在图书编写过程中，编者搜集整理了大量关于新时代文明实践和公民道德建设的资料，深入内蒙古多个盟市机关单位、企业、农村牧区、高校调研，与部分党员干部、市民、企业员工、农牧民、大学生进行了交流，了解了情况，力求用通俗易懂的语言、鲜活的事例把文明实践具体化。希望本丛书的出版有助于引导公民在生活和工作中积极践行社会主义核心价值观，做文明社会的参与者、实践者，为文明内蒙古建设贡献力量。

　　本丛书在成书过程中得到内蒙古自治区党委宣传部的大力支持和精心指导，内蒙古人民出版社编辑王静、蔺小英、王曼、段瑞昕、董丽娟、孙红梅在提纲编写过程中提出很多修改意见，图片绘画者马东源老师在时间紧、任务重的情况下如期完成插图创作，在此一并表示感谢。

由于编写时间仓促，加之笔者能力有限，书中难免会出现错误和不妥之处，恳请读者批评指正。